Jetzt bauen wir ein Haus

Eine spannende Sachgeschichte rund um den Hausbau

Erzählt von Frauke Nahrgang
Gemalt von Wolfgang Metzger

Otto Maier Ravensburg

Ich heiße Petra.
Früher wohnten wir in einem Hochhaus in der Stadt.
Jetzt nicht mehr.
Und das kam so.
Vor ungefähr einem Jahr fuhren Mama, Papa und ich zu Oma und Opa nach Berndorf.
Dabei war gar nicht Sonntag.
Noch nicht einmal Samstag.
„Ist was Besonderes?“ fragte ich.
„Es gibt Hefeklöße!“ lachte Mama.
Aber Papa hatte sich den Nachmittag freigenommen. Und Mama war früher vom Büro nach Hause gekommen. Nur wegen Hefeklößen?
Nun, mir war das recht.
Denn Oma und Opa sind nicht nur die allerliebsten Großeltern, sondern sie haben auch einen Garten mit ganz tollen Kletterbäumen. Und ich klettere für mein Leben gern.
Als Mama vor dem Haus hielt, lief Tim uns schon entgegen.
„Toll, daß du auch da bist!“ rief ich.
Tim ist mein Vetter und vor allem mein allerbester Freund. Opa winkte aus dem Küchenfenster: „Essen ist fertig!“

Schade, denn wir hatten schon den Apfelbaum hinter dem Haus zum Piratenschiff gemacht und wollten weiterspielen.
Nach dem Essen gingen Mama, Papa, Tante Anne und Onkel Bernd spazieren.
Wir spielten lieber in unserem Apfelbaum-Piratenschiff und hatten für so etwas keine Zeit.
Als wir fertig waren, kletterte Tim in den Ausguck. „Was ist denn auf der Wiese los?“ fragte er.
Tatsächlich, da war etwas im Gange. Wir ließen uns ins Gras fallen und rannten los.

Unsere Eltern standen am Wiesenrand und unterhielten sich mit einer fremden Frau.
„Na, ihr Piraten!“ sagte Mama.

„Bald wird hier euer Heimathafen sein!“
Tim und ich verstanden überhaupt nichts.

„Hier wird ein Haus gebaut, ein Zweifamilienhaus“, sagte die Frau und faltete ein großes Blatt Papier auseinander.
„Ich bin die Architektin und habe das Haus entworfen.“
Wir verstanden immer noch nichts.
Da sagte Mama: „Oben zieht eine Familie mit einem Piratenmädchen ein, und unten zieht eine Familie mit einem Piratenjungen ein.“
„Du meinst uns?“ fragten Tim und ich wie aus einem Mund. Unsere Eltern nickten.

Eine Weile war es ganz still, denn wir waren wirklich sprachlos. Aber dann brachen wir in ein Jubelgeschrei aus. Wir faßten uns an den Händen und tanzten so wild herum, bis sich die Wiese drehte. Ganz außer Atem ließen wir uns ins Gras fallen.

„Wann ist das Haus fertig?" japste ich.

„Wann können wir endlich einziehen?" keuchte Tim.

„Ein bißchen Geduld müßt ihr schon haben!" sagte die Architektin. „Es ist viel Arbeit, bis ein

Haus fertig ist. Zuerst hebt der Bagger das Kellerloch und die Gräben für die Fundamente aus."
„Was sind Fundamente?" fragte ich.
„Sie werden aus Beton gegossen", sagte Papa. „Sie stützen das Haus, damit es nicht in die Erde sackt."
Die Architektin faltete ihren Plan wieder zusammen. „Am besten kommt ihr oft her", meinte sie.
„Dann seht ihr, wie das Haus wächst."

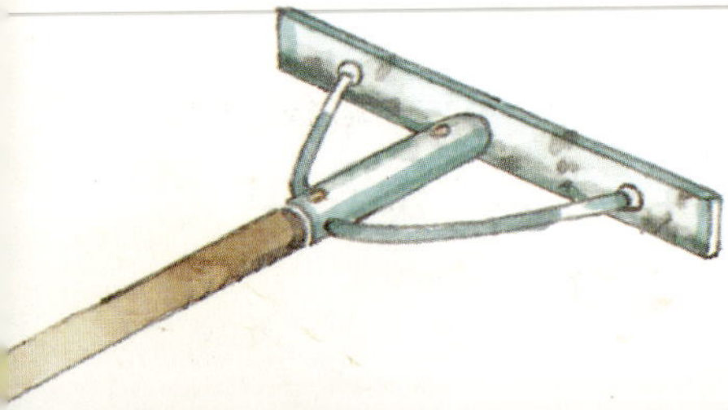

BETRETEN
DER BAUSTELLE
VERBOTEN!
Eltern haften für ihre
Kinder.

Als Mama das nächste Mal mit mir zu unserem Haus fuhr, wurde gerade der Kellerboden betoniert.

Tim war nicht da, und so paßte ich gut auf, weil ich ihm alles genau erzählen wollte.

„Das Haus ist sicher schon fertig", jammerte ich, als Mama am nächsten Montag aus dem Büro kam. Da fuhr sie mit mir nach Berndorf. Tim und Tante Anne waren schon da, als wir ankamen.

„Die mauern bereits das Erdgeschoß", rief Tim aufgeregt. Ein Maurer mit einer grünen Pudelmütze bediente den Kran und ließ eine Palette mit Ziegelsteinen in die Baustelle. Dann balancierte er über ein Brett hinüber. Er holte mit seiner Kelle Mörtel aus einem Kübel und verteilte ihn auf der Mauer.

Darauf setzte er einen Stein, legte die Wasserwaage an und klopfte ihn fest.

Neben der Wiese stand ein Wagen. Wie ein Zirkuswagen sah er aus, nur kleiner.

„Da möchte ich gern mal hineinschauen", sagte Tim.

Tante Anne lachte: „Dann ist es ja gut, daß ich Brötchen für die Maurer mitgebracht habe. Sicher laden sie uns dann in ihren Bauwagen ein."

Tim und ich durften uns im Bauwagen zu den Maurern an den Tisch setzen. Der Pudelmützen-Maurer heißt Eddi und ist sehr nett. Nachher suchten Tim und ich in Omas Garten dicke Steine. Die beschmierten wir mit Schlamm und mauerten sie zusammen. Mama und Tante Anne kamen in den Garten. „Wie seht ihr denn aus?“ fragte Tante Anne entsetzt. Na, wie richtige Maurer eben. Die sehen so aus. Genau so.

Als das Erdgeschoß gemauert war, brachte ein Lastwagen fertige Betonplatten mit Stahlgittern für die Decke. Sie wurden mit dem Kran auf die Mauer gehoben und oben von den Maurern verlegt.

Eddi winkte uns zu.

„Jetzt wird über die Decke noch einmal Beton gegossen!“ rief er. „Dann ist sie so stabil, daß zwanzig Elefanten darauf herumtrampeln können.“

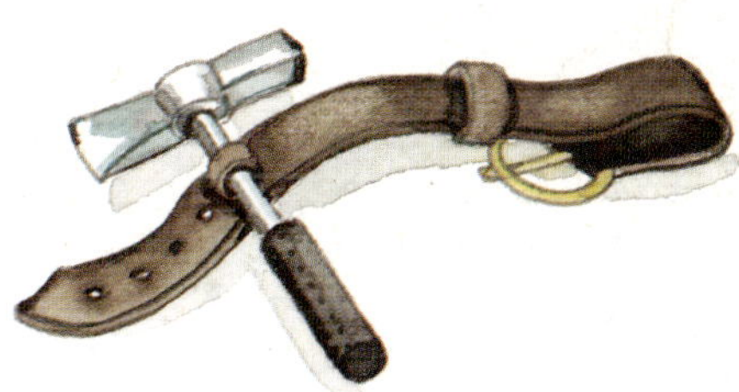

Nachher saßen wir im Piratenschiff-Apfelbaum.
„Wenn wir erst einmal im neuen Haus wohnen, können wir jeden Tag in Opas Bäumen herumklettern", schwärmte Tim.
Ich schaute zu unserem Haus hinüber. Dort gab es keine Bäume. Nur Erdhügel.
Und plötzlich hatte ich eine Idee! Ich rückte ganz dicht zu Tim und flüsterte ihm ins Ohr. Tim war sofort begeistert.
„Aber wir sollten Opa einweihen", schlug er vor.
Ich war einverstanden, denn unser Opa kann Geheimnisse gut für sich behalten.
Wir riefen ihn in den Garten und erzählten ihm alles. Da schenkte er jedem von uns zwei Mark.
„Euer Plan kostet Geld", sagte er.
„Es wäre gut, wenn ihr ein bißchen spart."
Papa hatte Urlaub genommen und fuhr mit uns zur Baustelle.
„Die Zimmerleute errichten heute den Dachstuhl", sagte er auf der Fahrt. Als wir ausstiegen, mußte ich den Atem anhalten. Hoch oben auf dem Dach turnten die Zimmerleute herum. Sie nagelten die schrägen Dachbalken, die Sparren, mit ganz langen Nägeln fest.

HASTO

Nachdem sie den Dachstuhl errichtet hatten, wurde Richtfest gefeiert. Tante Anne hatte ein kleines Bäumchen mit Bändern geschmückt. Das nagelte ein Zimmermann auf den Dachfirst. Vor unserem Haus wurden Tische und Bänke aufgestellt.

Es gab Salate, gegrillte Würstchen, Bier und Saft. Ein Zimmermann wünschte dem Haus und seinen Bewohnern viel Glück. Ich war richtig stolz, weil ich ja auch ein Bewohner war.

Ein paar Tage später beobachteten Opa und ich die Dachdecker. Einer stand am Dachrand und holte immer einen Ziegel aus dem Wagen des Lastenaufzugs. Er warf ihn einem anderen Dachdecker zu, der höher auf dem Dach stand. Dieser fing ihn geschickt auf und reichte ihn nach oben zum nächsten. Und der verlegte den Ziegel auf den Dachlatten und stieg dabei immer höher.

Ich flüsterte: „Das Haus ist bald fertig!“

Aber Opa meinte: „Viele Leute müssen noch daran arbeiten. Für unseren Plan bleibt noch genug Zeit.“

„Habt ihr Lust, euch mal innen umzuschauen?" fragte Mama und zeigte auf den Rohbau.
Wir balancierten über ein Brett ins Haus.
„Achtung!" rief ein Mann. Wir machten Platz und ließen zwei Schreiner vorbei, die ein großes Fenster ins Haus trugen.
„Nicht gerade gemütlich hier", sagte ich. „Es müßte mal tapeziert werden."
„Vorher werden noch die Leitungen gelegt und die Wände verputzt", erklärte Mama.

Tim schaute sich suchend um und trippelte von einem Bein auf das andere. „Etwas viel Wichtigeres fehlt auch noch!" flüsterte er beunruhigt.
„Die Klos werden bestimmt noch eingebaut!" tröstete ich ihn.
„So lange kann ich aber nicht warten!" sagte Tim und rannte hinaus.

Tim und ich spielten in einem Sandhaufen und schauten den Gipsern zu. Sie standen auf einem Gerüst und spritzten den Putz an die Wand. Da hielt ein Lastwagen. Installateure luden etwas ab. „Du, ich glaube, die bringen die Klos“, sagte ich. Tim zuckte gleichmütig mit den Schultern. „Jetzt muß ich nicht mehr.“

3252
maxit
SMP

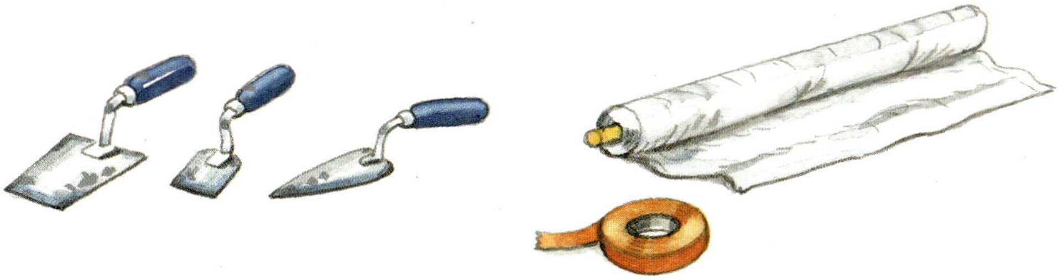

Mama wickelte gerade unser Geschirr in Zeitungspapier, damit es in den Umzugskisten nicht zerbrechen sollte. Da rief Opa an. „Er will, daß du heute schon kommst, weil hier alles drunter und drüber geht", sagte Mama. Eigentlich mag ich es, wenn es drunter und drüber geht, doch ich dachte an unseren Plan und holte schnell mein Köfferchen.

Papa brachte mich nach Berndorf. Tim war schon da. Als unsere Väter endlich wieder abgefahren waren, gingen wir mit Opa in die Gärtnerei. Wir suchten ein Apfelbäumchen, ein Pflaumenbäumchen und eine kleine Linde aus. Unser Spargeld reichte nicht, und Opa mußte etwas dazugeben.
„Dafür darfst du später auch in die Bäume klettern", versprach ich ihm. Wir luden die Bäumchen auf unsere Schubkarre und schoben los.

Vor unserem neuen Haus hielt ein Lieferwagen.
Zwei Männer stiegen aus und schlossen die Haustür auf. Dann schleppten sie eine dicke Teppichrolle ins Haus. Das war doch der Teppichboden, den ich für mein Zimmer ausgesucht hatte!
Tim und ich liefen hinter den Teppichbodenverlegern her.
Die rollten den Teppichboden in meinem Zimmer immer ein Stück weit aus. Dann krabbelten sie darauf herum und strichen ihn überall glatt.

„Ein schönes Zimmer hast du!" sagte der eine Mann.
„Nur noch ein bißchen kahl!" fand Tim.
„Laß mal!" lachte ich. „Das ändert sich schnell, wenn ich eingezogen bin."
Wir schauten aus dem Fenster.
Opa winkte und rief: „Soll ich etwa die ganze Arbeit allein machen?"
Da rannten wir schnell hinunter.

Am nächsten Morgen liefen wir aufgeregt die Dorfstraße auf und ab und hielten Ausschau. Endlich kam der Möbelwagen! Wir wollten unsere Eltern gleich in den Garten zerren.

Aber Mama und Papa sagten: „Keine Zeit!"

„Später!" sagten Tims Eltern. Sie rannten wie die Ameisen hin und her und schleppten Möbel und Kartons ins Haus.

Enttäuscht schauten wir eine Weile zu.

Da kamen Oma und Opa mit einem Picknickkorb. „Wir dachten, ihr könntet vielleicht eine Stärkung gebrauchen", sagte Oma.

„Ich weiß einen guten Picknickplatz!" sagte ich und zwinkerte Opa zu.

17

„Frühstückspause!“ riefen wir und schleppten den Korb hinters Haus. So lockten wir unsere Eltern doch noch in den Garten.
„Aber da stehen ja schon Bäume!“ rief Mama.

„Wer hat die denn hingezaubert?“ fragte Onkel Bernd.
„Wir!“ sagte ich. „Und Opa hat ein bißchen mitgeholfen.“
„Das ist ja toll“, freute sich Papa. „Bäume gehören einfach zu einem Haus.“

Am Abend war es dann überhaupt nicht mehr kahl in meinem Zimmer. Alles stand kreuz und quer, und es war eine herrliche Unordnung. Ich kletterte auf eine Umzugskiste und schaute hinaus. Tim rumorte unten in seinem Zimmer.
Mama kam herein und schaute mit mir zum Fenster hinaus.
„Das war eine wunderbare Idee“, sagte sie und zeigte auf die Bäumchen.
„Wenn der Apfelbaum groß ist, werden die Zweige bis zu meinem Fenster reichen“, sagte ich. „Dann brauche ich keine Treppe mehr, wenn ich in den Garten will!“
„Aber das dauert mindestens noch zwanzig Jahre“, meinte Mama.
In zwanzig Jahren, da bin ich… da bin ich… Ach, egal.
Jedenfalls klettere ich dann noch genauso gern auf Bäume wie jetzt.

5 6 7 97 96 95

Printed in Germany
ISBN 3-473-33436-7